# 小さな人生論

「致知」の言葉

藤尾秀昭
fujio hideaki

致知出版社

# 一点凝結の力

寺田一清

思えば『致知』特集の總括主意ともいうべき一文が、開巻一ページに限定し、ひそかに掲載されています。うっかり者の私は、最初何げなく読み過していましたが、次第にこの一文のただならぬ豊かな内容と格調の高さに魅了せられるに到りました。創刊以来、その推移と共に親しんで来た私にとって、その筆者が、社長の藤尾秀昭氏自身の執筆であることは容易に察せられました。その卓れた一点凝結のお力につき、お会いするたびに指摘申しあげ、いつの日にか、そのまとめをお勧めして来ました。

幸いにも、このたび『致知』発刊二十五周年記念にあたり、小著に總括せられたことは、まことに慶ばしいことで、何よりいちばんに私の戒語とさせて頂きます。

ふりかえれば、昭和五十六年ごろ、はじめて藤尾秀昭氏の依頼をうけ、森信三先生のお宅まで同行し、インタビューの取材に立ち合った日の記憶が蘇ります。かねてより森先生は、あえてマスコミに近づかず、むしろ避けたい思いに駆られており、『致知』の取材にも応じかねる気配でしたが、編集長の藤尾氏のたっての願いをうけ入れ、病み上りの先生は、その取材に応じられたわけです。

その記事が『致知』に掲載されるや多大の注目を浴び、やがて『現代の覚者《かくしゃ》たち』と題し、その第一章に登場、今なお名著のほまれ高いもので、いわば藤尾社長の出世作ともいうべきものとなりました。しばしば、藤尾社長より承るところですが、ある時森信三先生の語録集『一日一語』をフト手にし、感銘おく能わず「特集」記事の主人公として決定せられるや、森先生に関する著述を手あたり次第、読破した上で取材に臨まれたわけです。その結果、森信三先生の人と思想について正鵠を得たものとなり、これを機に、森先生の絶大な信頼を得られたものと思われます。やがて『致知』の社長として全責を一身に担われるわけですが、物事の本質を見極める透察の眼力と、スピードある決断力の内に、細慮に細慮をかさねておられるであろうとお察ししており、かの剣聖佐々木小次郎をほうふつします。

今や『致知』は、新生人間学の探究誌として、その地歩を固めつつあることは、一社の盛運に限らず、日本の命運にかけても慶ばしいことです。かつて森信三先生曰くには、「『致知』の読者が十万人を超えたら、日本も少しは変るであろう」と。けだし名言で、日本民族の死活を決する使命と責任を担う『致知』誌であることを、再認識せしめられる次第です。乞われるままに拙文を弄しましたがご寛恕のほどを。

（不尽叢書刊行会代表）

# 小さな人生論——「致知」の言葉＊目次

一点凝結の力——寺田一清


## 第一章　人生の道標

一隅を照らす　12
潑溂颯爽　15
人を育てる　18
この道を行く　23
古典に心を洗う　28

## 第二章　己を尽くす

このままではいけない　34
夢を実現する　38
鍛練する　42

魅　力　47

第三章　生を深める

心耳を澄ます　54
先達に学ぶ　58
人の心に光を灯す　64
なぜ哲学が必要なのか　68

第四章　人物を磨く

言葉が運命を拓く　74
信念の力　78
縁尋機妙　82

人間力を養う　86

第五章　運命を創る

自分の花を咲かせて生きる　92
歴史創新　96
「我流」を行く　100
プロの条件　104

第六章　小さな人生論

一念一行　110
節から芽が出る　112
鳥が選んだ枝、枝が待っていた鳥　114

苦難は幸福の門　116
憤せざれば啓せず　118
人生を幸福に生きる　121
霜に打たれた柿の味、辛苦に耐えた人の味　124
真理は現実のただ中にあり　126
丹精を込める　129
涙を流す　132
人は人によって輝く　136
あとがき　141

本文挿絵◇中野素芳／編集協力◇柏木孝之
カバー・本扉写真◇武内理能／装幀◇川上成夫

おかあさま

# 第一章　人生の道標

# 一隅を照らす

「古人言《いわ》く、径寸《けいすん》十枚、これ国宝に非《あら》ず。一隅を照す、これ則《すなわ》ち国宝なり、と」

伝教大師最澄《でんぎょうだいしさいちょう》『天台法華宗年分学生式《てんだいほっけしゅうねんぶんがくしょうしき》』の冒頭に出てくる言葉である。これは最澄の師、唐の湛然《たんねん》の著『止観輔行伝弘決《しかんぶぎょうでんぐけつ》』にある次の話を踏まえている。

むかし、魏王が言った。「私の国には直径一寸の玉《ぎょく》が十枚あって、車の前後を照らす。これが国の宝だ」。すると、斉王が答えた。「私の国にはそんな玉はない。だが、それぞれの一隅をしっかり守っている人材がいる。それぞれが自分の守る一隅を照らせば、車の前後どころか、千里を照らす。これこそ国の宝だ」と。

この話にこもる真実に深く感応したのが、安岡正篤師である。爾来《じらい》、安岡師は「一燈照隅《いっとうしょうぐう》」を己の行とし、この一事を呼びかけ続けた。

「賢は賢なりに、愚は愚なりに、一つことを何十年と継続していけば、必ずものになるものだ。別に偉い人になる必要はないではないか。社会のどこにあっても、その立場立場においてなくてはならぬ人になる。その仕事を通じて世のため人のために貢献する。そういう生き方を考えなければならない」

その立場立場においてなくてはならぬ人になる、一隅を照らすとはそのことだ、という安岡師の言葉には、私たちの心を奮起させるものがある。

国も社会も会社も自分の外側にあるもの、向こう側にあるもの、と人はともすれば考えがちである。だが、そうではない。そこに所属する一人ひとりの意識が国の品格を決め、社会の雰囲気を決め、社風を決定する。一人ひとりが国であり社会であり会社なのである。

世界が激しく揺れ動いているいまこそ、一人ひとりに一隅を照らす生き方が求められているのではないだろうか。

## 潑溂颯爽《はつらつさっそう》

近所に、それほど大きくはないが、手入れの行き届いた庭を持つ家があった。植木もきれいに手を加えられ、季節の花々がいつも、彩りあざやかに咲き、道行く人の目を楽しませ、心を和ませていた。

ある日突然、その家の主人であった人が亡くなり、若い夫婦が二人、その家に住むようになった。

それから数か月、道行く人の目を楽しませていた庭は、みるみるうちに荒れ果て、無惨な姿になった。

同じ庭がこうも変わってしまうのか、一種悲しいような思いで、その庭を道すがら、眺めている。

　これは一つの例である。

　心の時代、といわれている。しかし、人間の心とはそれほどきれいなものではない。

　人間の心は宇宙、自然と似ていると、言えなくもない。雑草は放っておいてもまたたく間に繁茂する。しかし、美しい花は、水を与え、肥料をやり、虫を除け、丹精込めて育てなければ花開かない。

　人間の心も、それと同じである。放っておくと、雑草が生える。

心の花を咲かせるためには、絶えず心を見張り、雑草を抜き取らなければならない。

二宮尊徳は「あらゆる荒廃は人間の心の荒蕪《こうぶ》から起こる」と言った。そして、心を荒れ放題にしないためには絶えず、心の田んぼ、つまり心田を耕さなければならないと説いた。

潑溂颯爽《はつらつさっそう》――。いつも気持ちをさわやかにしておく。いつも、さっそうとした気分でいる。潑溂颯爽こそ、心の雑草を取り、心の花を咲かせるために、欠かせない必須の条件である。

# 人を育てる

老人が松の苗木を植えていた。通りがかった君主が老人に年齢を尋ねた。

「八十五になります」

君主は笑った。「その松が立派な木材になっても、自分では使えないだろうに」と。

八十五翁は言った。

「国を治めている人のお言葉とは思えませぬ。私は自分のためではなく、子孫のために植えているのです」

君主は恥じ入るほかはなかった。

江戸時代の儒学者・太宰春台の『産語』にある話である。

人を育てるのもまた、かくの如《ごと》しだろう。一人ひとりを丁寧に教育し、根づかせ、成長をうながす。だが、そうして育てた人たちが担う時代の豊かさを、先人が享受することはない。

それでも人を育て続けなければならない。それは命を受け継いで後から来る者に対する、先行する者の不可欠の責務なのだ。

話は変わる。

『致知』の取材を通じて数多くの経営者に出会ってきた。企業を測る物差しは売り上げだけではないが、やはり一代で年商何百億円何千億円となると、偉業と言わなければならない。そして、そういう経営者には、共通した要因があることに気づくのである。
それは求心性と同時に遠心性を備えていることである。

どういうことか。

自分の生き方、リーダーとしてのあり方などについて、これでいいのかという問いを絶えず持ち、自己を掘り下げて磨く。これが求心性である。日本の経営者は真面目《まじめ》である。求心性に欠ける経営者は少ない。
求心性によって体得した心境や世界。それを幹部や部下などに及ぼし、自分のレベルまで引き上げようとする。それが遠心性である。

だが、遠心性を発揮すれば必ず抵抗に出合う。そこで諦《あきら》めてしまえば企業のダイナミズムは失われる。経営者の向かう方向に社員を向かわせる。「自分と一緒に歩んでいこう」と社員に対して言える。求心性と遠心性を併せ備えた経営者が、企業を発展させることができるのだ。そして、それこそが真の意味で人を育てることなのである。

人を育てるとは別の角度から言えば、環境によってつくられるのではなく、環境をつくる人になる、ということだとも言えよう。

安岡正篤師の珠玉の言葉を味わいたい。

「環境が人を作るということに囚《とら》われてしまえば、人は単なる物、単なる機械になってしまう。人は環境を作るからして、そこに人間の人間たる所以《ゆえん》がある。自由がある。即《すなわ》ち主体性、創造性がある。だから、人物が偉大であればある程、立派な環境を作る。人間が出来ないと環境に支配される」

## この道を行く

『現代の覚者《かくしゃ》たち』という本がある。昭和六十三年に小社から刊行され、以来十四年、静かだが根強く版を重ねている。

登場された方々と当時の年齢を紹介すると、

森　信三（哲学者、八十九歳）
鈴木鎮一（才能教育研究会会長、八十九歳）
三宅　廉（パルモア病院長、八十四歳）
坂村真民（詩人、七十八歳）
関　牧翁（天龍寺管長、八十一歳）

松野幸吉（日本ビクター相談役、七十五歳）
平澤　興（京都大学元総長、八十五歳）

発刊から十四年。現在も元気で活躍されているのは、坂村真民さんただ一人になったが、ここに登場された七氏はそれぞれ、一道を究められた方々ばかりである。

富士山でも登り道は無数にある。しかし、頂上は一つである。ここに登場された方々も歩いた道、選んだ職業も様ざまである。しかし、その一道を究めた果てに至りついた心境、境地には共通点があることに気づく。

共通点の第一は「楽天的」ということである。楽天的とは単に「物事をよいほうに考える」とか「くよくよしない」ということではない。誰もが絶望するような状況のなかでも一ミリの穴から光が見えれば、その光を信じて進んでいくという強い精神のことである。

第二は「感謝の念が強い」ということだ。自分にプラスになるから感謝するのではない。自分にとってマイナスとみえる出来事にも、これは自分を成長させるために天が自分に与えたものだと感謝するのである。

第三は「感動する」ということ。普通、人は四十、五十になり人生体験を経てくると、物事に感動しなくなる人が多い。しかし、一道を究めた人たちは一様に八十になっても九十になっても感動する心を失っていない。その姿勢はそのまま、人に感動を与える力になる。
最後の共通点は「神を信じている」ということである。特定の神ではない。この世には人智《じんち》をはるかに超えた大いなるものが存在している。そういう大いなるものに対する敬虔《けいけん》の念、畏敬《いけい》の念を生涯持ち続けているということである。

私たちが人生という道を歩む上で大事なものは何かを、この共通点は教えてくれている。

さて、森信三氏は『現代の覚者たち』の中で、
「人はこの世に生まれ落ちた瞬間、全員が天から封書をもらって生まれてくる」

と言っている。

「その封書を開いたら、あなたはこういう生き方をしなさい、と書いてある。しかし、せっかく天からもらった封書を一回も開かないままで死んでいく人が多い」

この道を行くとは、天からの封書を開くということである。あなたは天からの封書に気づいただろうか。封書を開いた人生を歩んでいるだろうか。

# 古典に心を洗う

数年前、山口県萩に旅し、高杉晋作二十五歳のときの書というのを見た。

墨痕鮮やかという言葉が陳腐化してしまうほど、それは雄渾《ゆうこん》な気品と力強い気迫、熟成した風格をもって迫り、二十五歳の青年が書いたものとはとても思えなかった。

朝に武道に励み、夕べに四書五経をはじめとする古典に浸る。幼少期よりの朝鍛夕練の陶冶《とうや》があって、あの書に結実したことは想像に難くない。

江戸期にさかのぼるまでもない。つい三十年ほど前の日本にも、そこに存在するだけで人格的迫力を感じさせる、大人の風格を備えた経営者がたくさんいた。石坂泰三、土光敏夫、桜田武……。

あの人たちの大きさはどこからきたのか。

たとえば石坂泰三の場合である。

石坂は学生時代、シェークスピア、テニスン、エマーソン、カーライル、ゲーテ、シラー、アンデルセンをすべて原書で読み、『古事記』『日本書紀』『祝詞《のりと》』『万葉集』『古今集』を渉猟《しょうりょう》している。

そればかりではない。経団連会長として秒刻みの仕事をこなす中で、昭和三十七年、七十六歳のときにある試みに挑戦した。子どものころに学んだ古典の筆写を始めたのだ。画仙紙を和綴《と》じにした筆写帳に筆で『大学』『中庸』『論語』『菜根譚《さいこんたん》』『古文真宝』、そして『万葉集』『徒然草』を写し終えたのは昭和四十年。石坂は七十九歳になっていた。

石坂は言っている。

「僕の場合、古典は年とともに自分の人間形成に欠くべからざるものになった。いろいろな場面で精神生活の大きな拠《よ》り所になった。実社会の生活にも大きく役立った」

幼いころから培った古典の教養。実社会の経験を積む中でそれを咀嚼《そしゃく》し、己の実学としていった努力。そのたゆみない蓄積が厚みのある品格となって溢《あふ》れだし、石坂を大きな存在にしたのである。

「最近は年輪を刻むように年を取る人が少なくなった」と言ったのは小林秀雄だが、年輪を刻むどころか、肉体的年齢はおとなだが精神的年齢は子どものままといった人がめっきり増えた。憂うべきことである。

古典に親しみ、古典に心を洗う。その習慣を取り戻さなければならない。熟成したおとなの人格の涵養《かんよう》のために。

# 第二章　己を尽くす

# このままではいけない

時を超え、所を超え、いまに残る言葉がある。
幾時代もの波に洗われ、様ざまな状況や条件にさらされて生き残ってきた言葉には、凝縮された真理が多くの胸に迫る響きとなって轟かずにはいない。

『管子』に次のような一句がある。
「国に四維あり。
一に曰《いわ》く、禮《れい》。
二に曰く、義。

三に曰く、廉。

四に曰く、恥」

国家を維持するには、四つの大きな綱領がある。それは礼であり、義であり、廉であり、恥である、というのである。

いまわが国に礼ありや、義ありや、廉ありや、恥ありやと問うとき、心ある人ならば、暗然とならざるを得ないのではないだろうか。

また、『中庸』ではこうもいう。

「国家将《まさ》に興らんとするや、必ず禎祥《ていしょう》あり。国家将に亡《ほろ》びんとするや必ず妖孽《ようげつ》あり」

国家が興隆するときは必ず幸福な兆し（禎祥）があり、国家が滅亡するときは必ず災いの兆し（妖孽）があるということである。

『大漢和辞典』の編纂《へんさん》などにより、文化勲章を受けた中国哲学者諸橋轍《もろはしてつ》次《じ》博士の解説によると、幸福の兆しとは青年の意気が盛り上がり、人情が厚くなることだという。災いの兆しとは、官吏が堕落したり、邪教がはびこったりすることを指すという。

これもまた、いまの日本の現実を鋭く指摘しているようで、慄然《りつぜん》とならざるを得ない。

あるとき、経営の神様松下幸之助氏は若者から「国の政治と会社の経営は同じものか」と問われ、「同じだ」と答え、「業種を問わず、会社経営に成功するには三つの条件がある」と続けた。

一つは絶対条件で、経営理念を確立すること。これができれば経営は五十パーセントは成功したようなものである。

二つは必要条件で、一人ひとりの能力を最大限に生かす環境をつくること。これができれば、経営は八十パーセント成功である。

三つは付帯条件で、戦略戦術を駆使すること。これを満たせば経営は百パーセント成功する。


この条件に照らして考えれば、いま日本という国に最も必要なのは、国家の哲学、理念の確立だろう。「聖域なき構造改革」という二十パーセントの比重しか占めない戦略戦術が、目標のすべてになっているところに、この国の危うさがある。

## 夢を実現する

ある小学六年生の作文がある。

「僕の夢は一流のプロ野球選手になることです。

そのためには中学、高校と全国大会に出て活躍しなければなりません。活躍できるようになるためには練習が必要です。僕は三歳の時から練習を始めています。三歳から七歳までは半年くらいやっていましたが、三年生の時から今までは三百六十五日中三百六十日は激しい練習をやっています。

だから、一週間中で友達と遊べる時間は五、六時間です。そんなに練習をやっているのだから、必ずプロ野球の選手になれると思います。そして、その球団は中日ドラゴンズか、西武ライオンズです。ドラフト入団で契約金は一億円以上が目標です。僕が自信のあるのは投手か打撃です。

去年の夏、僕たちは全国大会に行きました。そして、ほとんどの投手を見てきましたが自分が大会ナンバーワン選手と確信でき、打撃では県大会四試合のうちホームラン三本を打ちました。そして、全体を通した打率は五割八分三厘でした。このように自分でも納得のいく成績でした。そして、僕たちは一年間負け知らずで野球ができました。だから、この調子でこれからもがんばります。

そして、僕が一流の選手になって試合に出られるようになったら、お世話になった人に招待券を配って応援してもらうのも夢の一つです。とにかく一番大きな夢は野球選手になることです」

作者は愛知県西春日井郡豊山小学校六年二組鈴木一朗。賢明な読者にはすでにおわかりだろう。

いまをときめく大リーガー、イチローの子ども時代の作文である。

イチローの資質は特別、いわば天才という。その通りだろう。しかし、この作文が夢を実現する上で大事なものは何かを語っていることも事実である。

まず、第一に自分の夢に対していささかも迷いがない。夢を素直に信じている。つまり夢に対して本気、本腰である。

次に、自らの夢に対して代償を進んで支払おうとする気持ちが強い。三百六十五日中三百六十日激しい練習。友達と遊ぶのは一週間で五、六時間という。そう言い切る言葉に少しの悔いも未練もない。「夢をみることは重荷を背負うことだ」と松下幸之助氏は言ったそうだが、そのことをすでに体得している感がある。

そして最後に、お世話になった人に対して報いるという報恩の心を持っている。

夢を持ち、その夢を実現すべく燃えることができるのは、全生物のなかでも人間だけである。天から授かったこの能力をフルに発揮する人生を送りたいものである。

# 鍛練する

昨年のことになる。道友のご案内をいただき、肥後の岩戸山に行った。宮本武蔵が独り死の直前まで籠《こ》もり、『五輪書』を書いた所という。裾地から急斜面を五メートルほどよじ登ると洞窟《どうくつ》に出る。二十畳はあろうか。天井までも数メートル、意外な広がりである。

武蔵は「天道と観世音を鏡として、十月十日の夜寅の一てんに、筆をとって書初むるもの也」と書いている。

「寅の一てん」は午前四時半である。洞窟から仰げば満天の星。吹きさらしの風は夜気に冷えていたに違いない。

『五輪書』に取り組む武蔵の思いの深さが身に沁《し》み、粛然と佇立《ちょりつ》するばかりだった。

鍛練といえば、この一書を思い起こす。鍛練に鍛練を積み重ねたその一生を思う。

武蔵は『五輪書』の「水の巻」の最後でこう言っている。

「千日の稽古《けいこ》を鍛とし、萬日の稽古を練とす」

千日といえば、ざっと三年である。稽古に稽古の三年を費やして、ようやく鍛え上がる。その鍛え上げたものを土台に三十年の稽古を積み重ねて初めて練り上がるというのである。

武蔵はその生涯に六十余度の真剣勝負を行い、一度も負けることがなかった。その人にして初めて言えた言葉ではないだろうか。

「今日は昨日の我に勝ち、明日は下手に勝ち、後は上手に勝つと思い」続けた鍛練が、武蔵を剣聖にした最大のものだった、と思わないわけにはいかない。

だが、鍛練の実例に宮本武蔵を取り上げれば、いささか距離を感じてしまうかもしれない。しかし、そうではない。

たとえば、本誌で馴染《なじ》み深い渡部昇一先生である。渡部先生はどちらかといえば運動はお得意ではない。だが、七十の坂を越えたいま、軽々と三点倒立をやってのけ、前屈すれば胸と顔が楽々両足につく柔軟さである。五十歳のときに真向法に出合ったのがきっかけで、自分で練習し続けた成果だという。

またプロスキーヤーの三浦敬三氏もそうである。名だたる名峰を征服し、九十七歳のいま、モンブラン大氷河滑降に挑もうという心は、首の運動を前後、左右、回転と各三十回毎日欠かさない鍛練が土台になっている。

首の運動三十回は誰にでもできることである。しかし、それを何十年も続けることはそう簡単ではない。

誰でもができる平凡なことを、一点の疑いも持たず、毎日、黙々と実践してきたところに、この人の偉大の根源がある。

そして、最後に一番大事なのは心の鍛練だろう。「楽観主義は意志の所産である」というフランスの哲学者アランの言葉をまつまでもなく、人の心は放っておくと、不安、不平、不満、嫉妬《しっと》に陥る。あるいは傲慢《ごうまん》、慢心に染まる。

しかし、見事な人生を生きた人たちは例外なく、「物事を前向きに考える」「感謝の心を忘れない」「愚痴をこぼさない」「明るく謙虚である」という方向に、自分の心を鍛え続けてきた人たちである、ということを忘れてはなるまい。

# 魅力

「そこにあの人がいる。ここにその人が存在する。それだけで人が自ずと寄り、ことが収束される。むかしはそういう人が必ずいたものだが、最近は見なくなった」

ある財界通が言った。誰をイメージしての言かは知らないが、そのつぶやきに触発されて思い浮かんだいくつかのことがある。

西南の役の折、豊前中津藩からも有志が中津隊を結成して西郷隆盛の軍に参加した。だが戦い利あらず、敗北が決定的になる。隊長の増田宋太郎は隊士に、「われわれ中津隊の役目は終わった。自分は残るが、みんなは故郷に帰れ」と言う。なぜ隊長だけ残るのか、と反問する隊士に、増田はこう答えた。

「吾《われ》、此処《ここ》に来たり、始めて親しく西郷先生に接することを得たり。一日先生に接すれば一日の愛生ず。三日先生に接すれば三日の愛生ず。親愛日に加わり、去るべくもあらず。今は、善も悪も死生を共にせんのみ」

かくて増田は西郷と共に城山に果てた。

これも明治初期の話。

山岡鉄舟が清水の俠客《きょうかく》次郎長親分に、「お前にはたくさん子分がいるが、お前のために死ぬ子分は何人いるか」と聞いた。

「私のために死ぬ子分など一人もおりません。だが、子分のためなら私は死ねます」

これが次郎長の答えであった。

その人がいるだけで難事が収まり、大事が解決する。財界に限らない、政界官界、あらゆる分野に以前はそういう重石《おもし》となる存在がいたが、確かに最近は希薄の感を否めない。

重石を重石たらしめていた根本は、結局、人間としての魅力に行き着くのではないか。ここに挙げた二つの挿話が人間的魅力を異なる角度から照射し、そのことを示している。

中国明代末に書かれた『呻吟語《しんぎんご》』という古典がある。著者は呂新吾。この書には安岡正篤先生も深く傾倒され、『呻吟語を読む』なる一書をものにされている（小社刊）。

『呻吟語』は冒頭でこう述べる。

「深沈厚重《しんちんこうじゅう》なるは、是《こ》れ第一等の資質。磊落《らいらく》豪雄なるは、是れ第二等の資質。聡明才弁なるは、是れ第三等の資質」

要するに、人間的内容がどっしりと落ち着いていることこそ、人間的魅力の最高のものだというのである。あっさりしていて肝っ玉が大きいことがこれに次ぐ魅力で、頭がよくて弁が立つことも魅力には違いないが三番目にすぎない、というわけである。

『呻吟語』が千八百四十章の大冊をもって、一貫、繰り返し追究しているのは、深沈厚重という人間としての魅力なのである。
人間的魅力に少しでも近づき、体得するためには、思わずうめき声を発するほどの修養が必要である。呻吟語とはそのうめき声のことにほかならない。

二十一世紀はあらゆる事象に魅力がキーワードになる予感がある。その根本が人間としての魅力であることは言うまでもない。

# 第三章　生を深める

# 心耳を澄ます

もう何年も前の話である。

「言葉が運命を制する」なる特集を企画した。特集のトップに誰を持ってくるか。企画にふさわしい人物がなかなか決まらず、大いに苦吟していた。

雨降る休日であった。締め切りは数日後に迫っていたが、特集トップはまだ決まらない。窓を叩く雨足が焦燥感をさらにあおり、ただ部屋の中をうろつくほかはなかった。

その時、たまたま一冊の本を手に取り、開いた。森信三『一日一語』である。その時の感動をいまも忘れない。そこには深い人生の真理と哲理が凝縮された言葉がちりばめられていた。寸言は、まさに心に沁みた。森信三という人はこんなにも偉い人だったのか。自らの不明を恥じた。なぜなら、その本を含めて森信三先生の本はすでに何冊か持っており、ページもめくっていたが、それ以前は何の感興を催すこともなかったからである。

日々の営みに追われ、忙殺されている時、人は大事なものを見過ごしてしまうものらしい。多忙な日常がつくり出す騒々しい心、浮ついた心、がさついた心、心がそういう状態にある時、どんな出会いも命を孕《はら》むことなく素通りしてしまう。

心耳《しんじ》を澄まさなければ聞こえてこない世界がある。見えてこない世界がある。この時の体験はそのことを痛いほどに教えてくれた。


諸葛孔明はわが子を戒めた手紙にこう記している。

「寧静《ねいせい》に非《あら》ずんば以《もっ》て遠きを致《きわ》むるなし」

寧静でなければ遠くまできわめることはできない、遠大な理想を実現することはできない、というのである。


呂新吾の『呻吟語』もこう述べている。

「躁心《そうしん》・浮気・浅衷《せんちゅう》・狭量、此八字は、徳に進む者の大忌《たいき》なり。此八字を去るに、只だ一字を用ひ得。曰《い》はく静を主とす」

騒がしい心、浮ついた心、浅薄な心、偏って狭い心では、徳に至ることはできない。徳を身につけようとするなら、ただただ静謐《せいひつ》であれ、ということである。

いま、世情は先行きの見えにくさ、とらえどころのない不安な予感にいたずらに騒ぎ立ち、あるいはそこから目を背けて浮薄に浮き立ち、流されていく気配が濃い。

このような時だからこそ、しばしでいい、足を止め、心耳を澄ます時間を持つことが必要なのではないだろうか。

## 先達に学ぶ

### 運命は我より作すもの

中国の明代に、袁了凡《えんりょうぼん》という人がいた。

袁少年は早く父を失い、母の手ひとつで成長した。代々が医者の家系だったので、彼も医者を目指し、医学の勉強にいそしんでいた。

そんなある日、不思議な老人が袁少年の前に現れ、「お前は役人として成功する相を備えている」と予言する。そして、何歳で科挙の試験に何番目の成績で合格し、何歳でこれだけの俸禄を手にする身分となり、何歳で地方長官に選ばれる、とたたみかける。

「五十三歳の八月十四日に自分の家の表座敷で死ぬ。残念ながら生涯子どもはできない」

老人はそこまで言い切った。

袁少年は衝撃を受け、同時に感激を覚えた。そして方向を転換し、役人を目指して科挙の勉強を始めるのである。

それからの展開は老人の占い通りであった。老人が予言した年齢に予言通りの成績で科挙に合格し、その後も老人の言った通りになっていく。以来袁氏は、人間の運命というものはちゃんと決まっていて、人間にはどうすることもできないものなのだ、と思い定めるようになった。すると、諦念《ていねん》が湧《わ》いてきて、ああしたい、こうしたいという欲がすっかりなくなってしまった。

あるとき、袁氏は仕事で南京付近のお寺に滞在した。その寺の雲谷《うんこく》という禅師がつくづくと彼を見て、感に堪えぬように聞いた。

「あなたはお歳《とし》に似合わずできている。どういう修行をして、そこまでの風格になられたのか」

「いや、特別の修行などしていません。実は少年のときに占いの翁《おきな》に人相を観てもらったことがあって、いろいろと予言をされました。それが一つも狂っていないのです。それからは余計な煩悶《はんもん》やあがきは一切やめました。それだけのことです」

すると、雲谷禅師は大笑いして言い捨てた。

「何だ、そういうことか。それなら君は誠にくだらん人間だ」

袁氏が驚いて、どういうことかと聞くと、雲谷禅師の答えはこうだった。

「人間の運命が初めから定まっているなら、釈迦《しゃか》や孔子がどうして苦労したのか。偉大な人が大変苦労をして学問修業をしたのは、それによって人間を創《つく》ることができるからだ。

　確かに命《めい》というものは存在する。だが、人間はその命を知り、命を立てることができる。これは他の動物には不可能な、人間だけにできることなのだ。どうすればどうなるかを研究し、それによって自らを創造することができる。宿命や運命を立命に転換していくことができる。人間の万物の霊長たる所以《ゆえん》は、実にそこにある。運命は我より作《な》すものなのだ」

　袁氏は愕然《がくぜん》とし、そして目覚めた。彼は発奮し、禅師の教えに従って、謙虚、積善、改過（過《あやま》ちを改める）といった道徳的精進を積んでいった。するとどうだろう。あの老人の予言がことごとく外れ出したのだ。五十三歳で死ぬはずが七十四歳まで生きた。子に恵まれないはずなのに一子をもうけることもできた。

## 真の学は運命をも変える

袁氏は雲谷禅師に導かれて、初めて常の人の心、凡を悟った。「悟」と「了」は同義語である。つまり、了したのである。そのときから彼は号を改め、了凡を名乗った。そして一子のために自分の体験を書き残した。それが『陰騭録《いんしつろく》』である。

「陰騭」は書経の「惟《こ》れ天下、民を陰騭す」による熟語。「陰」は冥々《めいめい》の作用、「騭」は「定める」の意。冥々の間に定められているものを明らかに定める。言い換えれば、自然が支配する法則を人間の探究によって得た法則によって変化させていく。「陰騭」とはそのことをいう。

安岡正篤師は生前、よく袁了凡のこの話をされ、『立命の書「陰騭録」を読む』（小社刊）を著されている。

袁了凡は先達に学ぶことによって運命を変えた。われわれが先達に学ぶ意味もここにある。

安岡正篤師の次の言葉を噛《か》みしめたいものである。

「人間は学問修業をしないと、宿命論的存在、つまり、動物的、機械的存在になってしまう。よく学問修業すると、自分で自分の運命を創っていくことができる」

# 人の心に光を灯す

ラジオで聴いた若いＯＬの話である。

彼女の生家は代々の農家。もの心つく前に母親を亡くした。だが、寂しくはなかった。父親に可愛《かわい》がられて育てられたからである。

父は働き者であった。三ヘクタールの水田と二ヘクタールの畑を耕して立ち働いた。村のためにも尽くした。行事や共同作業には骨身を惜しまず、ことがあると、まとめ役に走り回った。

そんな父を彼女は尊敬していた。父娘二人の暮らしは温かさに満ちていた。

彼女が高校三年の十二月だった。その朝、彼女はいつものように登校し、それを見送った父はトラクターを運転して野良に出ていった。そこで悲劇は起こった。居眠り運転のトレーラーと衝突したのである。

彼女は父が収容された病院に駆けつけた。苦しい息の下から父は切れ切れに言った。

「これからはお前一人になる。すまんなあ……」

そして、こう続けた。

「いいか、これからは〝おかげさま、おかげさま〟と心で唱えて生きていけ。そうすると必ずみんなが助けてくれる。〝おかげさま〟をお守りにして生きていけ」

それが父の最期の言葉だった。

父からもらった〝おかげさま〟のお守りは、彼女を裏切らなかった。親切にしてくれる村人に彼女はいつも「おかげさま」と心のなかで手を合わせた。彼女のそんな姿に村人はどこまでも優しかった。その優しさが彼女を助け、支えた。

父の最期の言葉がA子さんの心に光を灯し、その光が村人の心の光となり、さらに照り返して彼女の生きる力になったのだ。

もう一つ、作家で詩人の高見順の晩年の話である。

高見順は食道がんの手術を受けて病床に横たわった。ふと窓外を見ると、激しい風雨のなかを少年が新聞を配達している。その姿に胸を揺さぶられ、高見順は一編の詩を書いた。

なにかをおれも配達しているつもりで
今日まで生きてきたのだが
人びとの心になにかを配達するのが
おれの仕事なのだが
この少年のようにひたむきに
おれはなにを配達しているだろうか

ひたむきな新聞配達の少年の姿が晩年の作家魂に光を灯したのである。心に光を灯された体験は、誰にもあるのではないだろうか。人の心に光を灯す。それは自分の心に光を灯すことでもあるのだ。そういう生き方をしたいものである。

# なぜ哲学が必要なのか

いまから二千年近く前、ローマ帝政期を生きたエピクテトスという哲学者がいた。彼は若いころ奴隷だった。その体験をもとにストア派の哲学を学び、のちに解放されて自由の身になると、ギリシャに移って学校を開いた。彼自身は書物を残さなかったが、弟子の一人が彼の言葉を書き取ったものが『語録』として後世に伝えられた。

エピクテトスの哲学の核心は、自分の意志で自由になる範囲とならない範囲を厳密に認識するところにある。自分の意志の範囲内にあるものには全力を尽くして手を打つ。だが、自分の意志の範囲外にあるもの、例えば天変地異による災害や人が自分をどう評価しているかなどは自分の意志ではどうにもならないものなのだから、そういうものは潔くあきらめて、心を動かさない、と説くのである。

その教えは、どのような状況下にあっても人生を主体的肯定的に生きる術《すべ》として、ヒルティをはじめ多くの知性の指針となった。

『学問のすゝめ』は福沢諭吉の代表作としてつとに知られる。だが、その名は聞いていても、手にしたことがなかった。初めて読んだのは数年前。その新鮮さに驚かされた。

この本は明治四年に第一編が書かれ、明治九年までに十七編が刊行された。各編とも二十万部を超える大変な売れ行きで、総計では四百万部に達したという。当時の日本の人口が約三千万人だったことを考えると、想像を絶する大ベストセラーと言えよう。

『学問のすゝめ』という書名から堅苦しい内容を予想していたが、まったく違っていた。例えば、第十七編「人望論」を繙《ひもと》いてみよう。そこには「顔つきを明るくすること」という項目があり、こんなことが書かれている。

「人の顔色は、いわば家の門口のようなものだ。広く人に交わって自由に客を招き寄せるには、まず門口を開放して、玄関を掃除し、ともかくも人を来やすくさせることが肝要であろう。人に交わるのに、顔色をやわらげようともせず、かえって偽善者の風を学んで、わざとむずかしい顔つきを見せるのは、家の入口に骸骨《がいこつ》をぶら下げ、門の前に棺桶《かんおけ》をすえつけるようなものだ」

わかりやすい比喩《ひゆ》で、諭吉が体験から会得した生活哲学が丁寧に説かれている。そしてそれは、近代日本を構築した明治という時代の背骨になっていることがわかるのである。

哲学とは、例えれば南十字星のようなものだろう。南十字星さえ見失わなければ、羅針盤がなくても船乗りは航路を誤ることはない。

ひるがえって、いまの日本である。国政を預かる者、経済に携わる者、教育を担う者、さらには国民一人ひとりのあり方に至るまで、いまこそわれわれは哲学を、と思わないわけにはいかない。

# 第四章　人物を磨く

## 言葉が運命を拓く

関西師友協会副会長・豊田良平氏が急逝された。電話でお元気な声を耳にした数日後の訃報《ふほう》。ただ瞑目《めいもく》して合掌するのみである。

豊田氏が安岡正篤師に初めて手紙を書いたのは十七歳の時であった。『童心残筆《どうしんざんぴつ》』や『東洋倫理概論』を読んだ感動を直接伝えたかったのである。だが、期待していた安岡師からの返事はなかなか来なかった。あきらめかけた頃に届いた一通の封書。返事の遅れを詫び、結びにこうしたためられていた。

「求道は一生のことである。そのためには冷に耐え、苦に耐え、煩に耐え、閑に耐える。これをもって大事をなす」

十七歳の少年の心に火がついた。豊田氏は安岡教学の研鑽《けんさん》に生涯を懸けることになる。

その三年後の昭和十六年、豊田氏は出征して中国に渡り、戦火の中を転々とする。黄河のほとり、運城でだった。古本屋で一冊の本を見つける。安岡師の著書『続経世瑣言《けいせいさげん》』である。この本は中支からマレーシアまで六千キロを転戦した豊田氏と行を共にした。

中で「人物学」の一節が豊田氏をとらえた。

「人物修練の根本的条件は、怯《お》めず臆《おく》せず、勇敢に、而《しこう》して己を空しうしてあらゆる人生の経験を嘗《な》めつくすことです。人生の辛苦艱難《しんくかんなん》、喜怒哀楽、栄枯盛衰、そういう人生の事実、生活を勇敢に体験することです。

その体験の中にその信念を生かして、初めて吾々《われわれ》は知行合一的に自ら人物を練ることができるのです」

ここに豊田氏の生涯のテーマは定まったと言えよう。豊田氏はよく言われたものである。

「古典をどれだけ知っているかではない。いかに人物を練るか。いかに人物となるか。それが安岡教学の神髄だ」

六十歳を過ぎ、豊田氏は元京大総長・平澤興氏と出会う。

「あなたこなたのおかげ」「いまを喜びなさい」「人に希望と喜びを与えるのが最高です」――豊田氏の口からこんな言葉が出るようになったのはそれからである

「安岡先生との出会いだけだったら、自分は堅苦しい人間で終わっていたろう。平澤先生と出会って、新しい世界が開けた」
豊田氏のしみじみとした述懐を思い出す。言葉によって運命を拓《ひら》いていった人生。それが豊田氏の生涯であったと言える。

人物とは言葉である。日頃どういう言葉を口にしているか。どういう言葉で人生をとらえ、世界を観《み》ているか。その言葉の量と質が人物を決定し、それにふさわしい運命を招来する。運命を拓く言葉の重さを知らなければならない。

折しも一人の若い企業家が豊田良平氏の言葉を集め、『仕事と人生』と題して上梓《じょうし》した。言葉に出会い、運命を拓いていく人の陸続たらんことを願ってやまない。

## 信念の力

　四十数年も前のことである。京都で数百人の経営者を前に松下幸之助氏が講演をした。その趣旨は、人材も資金もダムのようにプールしておく経営、つまり余裕を持った経営をしなければならない、ということであった。松下氏の持論であるダム式経営論である。

　講演が終わって、聴衆の一人が質問した。ダム式経営をしたいのは山々だが、どうすればできるのか秘訣を教えてくれ、というのである。松下氏はじっと考えてから、「わかりませんな」と答えた。そして、こう続けた。

「一つ確かなことは、まずダム式経営をしようと思うことです」

失笑が会場をおおった。「思うだけでできたら世話はない」「馬鹿にするんじゃない」。そんな声も聞こえた。

だが、その中でただ一人、頰《ほお》を紅潮させて松下氏を見つめる青年がいた。京セラを創業して間もない二十代の稲盛和夫氏である。そうか。まず思うことなのか。稲盛氏は脊髄《せきずい》の奥に火がついたような感動で心を熱くした。その心の火が信念となって凝固した。

信念とは信じ念じることである。稲盛氏はダム式経営を信じ念じ続けた。その信念は京セラの現在に結晶している。

『致知』の取材を通して数多くの経営者に接してきたが、一業を成した人には、突出して二つの共通した要素があるのを感じないわけにはいかない。

一つは、「価値を見出す力」である。自分の置かれた環境、そこに結ばれる縁、携わる仕事等々に、多くの人はさしたる感興《かんきょう》も覚えず、それらはたまたまのもの、ありきたりのものと見なしがちである。だが、一業を成した人はそこに独特の強烈な価値を見出すのだ。

もう一つは、価値を「信じる力」である。ふたたび稲盛氏に登場していただく。

京セラの創業時、セラミック製造の作業は埃《ほこり》まみれ泥まみれ、汚い、きつい、厳しいの典型的な3K職場であった。若い社員の顔にはうんざりした色が浮かぶ。

深夜作業を終えると、そんな若い社員と膝《ひざ》を突き合わせてラーメンをすすりながら、稲盛氏は熱っぽく語り続けた。自分たちがやっているのは世界の誰もやっていない仕事なのだ、自分たちは世界の先頭を走っているのだ、と。仕事に見出した価値。それを強烈に信じていたのである。そして、それが京セラのベースをつくったことは言うまでもない。

価値を見出す力。その価値を信じる力。これこそ信念の力である。信じ念じる力が道のないところに道をつくり、人を偉大な高みに押し上げていくのである。

最後に、松下幸之助氏の言葉を掲げる。

「根無し草に花は咲かない。
信念がなければ人生に花は咲かない」

## 縁尋機妙

先日、まだ直接お目にかかったことのないお二人の読者から、お手紙をいただいた。一人は北海道でラーメン店を営む仲田勝久さん。もう一人は広島県の主婦、田上洋子さんである。

▼NPO・健康環境都市政策センターというのが北海道にできました。健康・環境・福祉・教育でモデルになる街づくりを目指し、その街は日本で一番『致知』読者の多い街にしたいと思っています。TM瞑想普及率の多い街が犯罪率や交通事故、失業率、離婚率などあらゆる面で低いと言われたことがあります。『致知』を学び合ってる街がそう言われる

ようになることを目指して、外側から少しずつ活動を開始しました。

▼NECの方と知り合い、六月に『致知』を渡され、「この本を読んだらいいよ」と言われました。読み始めた時は企業の方の読む本で、私には無縁のものと思いましたが、読み終えた時、素直に次が読みたいと思いました。（中略）

いろんな方の生き方・考え方を読んでいるうち、自分の中にも力がわいてくるようで、人間関係に行き詰まる時読みたいと思う本、それが私にとって『致知』となりました……今、『致知』が目の前にあることに感謝してやみません。

お手紙を拝読し、『致知』が起点となり、読者の中にも様ざまな縁が発展していることを知り、感無量の思いがある。

「縁尋機妙《えんじんきみょう》」――安岡正篤師がよく口にされた言葉である。「よい縁がさらによい縁を尋ねていく仕方が実に機妙である」という意味である。

また、安岡師はこれと対句のように、

「多逢勝因《たほうしょういん》」――という言葉もよく説かれた。「よい人に交わっていると、気づかないうちに、よい結果に恵まれる」ということである。

『致知』は今年の十月号で創刊二十五周年を迎える。決して平坦ではなかったこの二十五年を振り返り、胸中に去来する思いを凝縮すれば、この「縁尋機妙」「多逢勝因」の二語に尽きるのである。

創刊以来、実に様ざまな人たちとのご縁をいただき、その縁がさらに次へ次へと発展して、それらの無数の縁の中で学び、導かれ、『致知』は今日まで歩ませていただいたという思いを禁じ得ない。

縁尋機妙、多逢勝因は『致知』の歴史そのものだったと言っていい思いがする。本誌だけのことではあるまい。一つの道を夢中に切り開いてきた人は一様に同じ思いを抱かれるのではないだろうか。

大事なのは与えられた縁をどう受け止めるかである。そして、いかに勝因を創るか、である。良縁を起点とした縁尋機妙、多逢勝因のサイクルを人生に構築していくことこそ要であろう。

よき人に交わり、よい縁をさらに発展させ、心を養い、真実の学びを学び続けていく人生を心がけたいものである。

## 人間力を養う

「知識ではなく、その人の体全体から滲《にじ》み出る味わいでその人物がわかる。また、そういう人にならなければなりません」

京大元総長・故平澤興氏は生前、よくこう言われていた。体全体から滲み出る味わい。それこそが人間力のことである。

人間力という言葉は辞書にはない。しかし、その存在自体、人格そのものが大きな力を発しているという人はいるものである。

江戸期の儒学者伊藤仁斎にこんな話がある。仁斎が京の町を歩いていると、向こうから京都所司代がやって来た。と、所司代は慌てたように馬から下り、深々と頭を下げた。よほど高貴な身分の人と思ったらしい。仁斎には学問で練り上げた人格が高貴な風格となって備わり、光を発していたということである。

戦後の日本を統治した連合国軍最高司令官のマッカーサーはこういう逸話を残している。

マッカーサーは幼い頃、軍人だった祖父から、日清日露を戦った日本のリーダーには畏敬《いけい》すべき立派な人物が多いと聞いて育った。ところが、日本に来てリーダーたちに会ったが、さほどの人物は見当たらない。これはどうしたことかと、時の首相吉田茂に聞いてみた。答えはこうだった。昔のリーダーは東西の古典を読み込み、その英知で人格を陶冶《とうや》していたが、今のリーダーは古典で心を養わないから人物が小さくなったのだ、と。

人間力とは何か。その一端を示唆する二つのエピソードではある。

人間力とは人間の総合的な力のことだろう。知識、技能、教養、人間関係力、実行力、徳性といったもろもろの要素が総合して練り上げられ、発酵し、結晶するもの、それが人間力であろうと思われる。中には金力や財力、地位といったものも人間力の重要な要素、と言う人もいる。確かに、現実的にはそれも一つの要素には違いない。だが、それらをすべて失っても、なお輝きを失わぬ人格の力こそ人間力と言うべきだろう。

その人間力を養うには何が必要か。

根本になくてならないのは、憤の一字である。物事に出会い、人物に出会い、発憤し、感激し、自己の理想に向かって向上心を燃やしていく。そういうものを根本に持っていない人に、人間力はついてこない。

次に大事なのは志である。夢と言ってもいい。いかなる志、夢を持っているか。その内容が人間力の大小厚薄重軽を決める。

第三は与えられた場で全力を尽くすこと。人生の経験をなめ尽くすことと言ってもいい。第四はその一貫持続であり、第五はすぐれた古今の人物に学ぶことである。すぐれた人の生き方に学ぼうとしない人に人間的成長はない。

そして最後に大事なのは素直な心だろう。松下幸之助氏は最晩年まで、「素直の十段になりましょう」と言い続けたそうである。素直な心、柔軟心こそ、人間力を高めていく上で欠かせない一念であろうと思われる。

# 第五章

# 運命を創る

# 自分の花を咲かせて生きる

心臓の鼓動を聞いたことがあるだろうか。胸に手を当てて聞くあの音ではない。心臓が血液を全身に送り出す源流の音である。

ズビィーン、ズビィーン とも聞こえる。

あるいは、
ビィーコッ、ビィーコッ とも聞こえる。

それらを総集したような音である。

ともかく、懸命な音である。ひたすらな音である。心臓は昼夜二十四時間、一瞬の休みもなく、血液を全身に送り出すために、こんなにもひたむきに、真剣に努めているのか……。その命の根源の音を聞いた時、涙が溢れた。

生きるとは、ただ生き切るということである。

この地上における生命《いのち》あるものはすべて、ただ生きるという目的に向けて、全力をあげて生きようとしている。ただ生きる。そのことだけを信じて躍動している。それが生命の本質である。そして、それが天の意志である。

心臓の鼓動はそのことを教えてくれたように思う。

つまり、生きること、ひたすら生きようとすること。そのこと自体がすでに花であることを命の鼓動は教えてくれたように思う。

昨年、木鶏クラブ(『致知』読者の会)全国大会で盛岡に行った帰途、

「先人記念館」に足を運んだ。新渡戸稲造、米内光政《よないみつまさ》、金田一京助、田鎖綱紀《たくさりこうき》ら岩手に生まれた偉人たちを顕彰した記念館である。特に興味をひいたのは次の三氏の書いた色紙の言葉であった。

鉄志玉情――金田一京助（言語学者）
奮志専精――米内光政（政治家）
百折不撓《ひゃくせつふとう》――田鎖綱紀（日本速記術の創始者）

おそらく三氏は自分の人生を振り返り、一番自分にピッタリとくる言葉を色紙にしたのだろう。
この三様の言葉は、人生に花を咲かせるために欠かせないものを示唆し、期せずして見事に一致している。

そういえば、作家の五木寛之さんから聞いた話がある。朝顔の花は朝の光を受けて咲くのだと思われていた。しかし、ある植物学者が朝顔のつぼみに二十四時間、光を当てていても、花は咲かなかった。朝顔の花が咲くには、朝の光に当たる前に、夜の冷気と闇に包まれる時間が不可欠なのだという。

この語は先の三氏の言葉とも符合し、象徴的である。

私たちは、生きているというだけですでに花は咲いている、と先に言った。それはまぎれもない事実である。しかし、丹精を込めた花がさらに見事に咲くように、私たちも自ら意志することで生命をさらに輝かせ、深い花を咲かせることはできるのだ。

# 歴史創新

彼は片田舎の丸太小屋で生まれた。学校は貧しさのために断続せざるを得なかった。彼が正規の教育を受けたのは、合計しても一年に満たない。

二十代になって事業を起こす。だが、失敗した。その上、恋人の死という悲運に見舞われ、自身は神経衰弱を患う。その中でも彼は独学し続けた。そして二十七歳の時、弁護士の資格を取得する。

労働に明け暮れた経験。弁護士活動で得た見聞。それが止みがたい夢と激しい志を育み、彼を政治へ駆り立てた。

だが、なだらかな道ではなかった。三十代では下院議員選挙に二度、四十代でも上院議員選挙に二度、落選した。四十七歳の時、副大統領選に立候補したが、これも落選した。

しかし、彼は逃げなかった。夢と志が逃げることを許さなかった。そして大統領の座を射止めたのは五十一歳の時だった。彼は南北戦争を戦い抜き、奴隷解放という新しい歴史を切り開いた。

彼の名はアメリカ第十六代大統領エイブラハム・リンカーンである。

十八世紀から十九世紀にかけ、世界に重くのしかかる難問があった。梅毒の跳梁《ちょうりょう》である。決定的な解決策を見出せず、密かに人類の滅亡さえ予感された。曙光《しょこう》が射したのは二十世紀に入ってだった。

一九一〇年、梅毒の化学療法剤サルバルサンが発明されたのだ。発明者はコッホ研究所の研究者パウル・エールリッヒである。

このサルバルサンは別名六百六号と呼ばれる。ヒ素化合物の試作品を次々と作って、六百六番目に初めて得られた目的を達する薬だったからである。つまり、エールリッヒは六百五回失敗を繰り返し、その数だけ失望と苦悩を味わったのである。

研究にとって最も大事なものは何かと問われ、エールリッヒはこう答えた。「忍耐」。

時代の古今、洋の東西、分野の差異を問わず、新しい歴史を切り開いた人たちがいる。それらの人たちに共通する条件を一つだけ挙げれば、こう言えるのではないか。

困難から逃げなかった人たち、困難を潜り抜けてきた人たち――だと。

新しい時代に適《かな》った夢と志を実現する。「歴史創新」とはこのことである。そして、夢と志を実現しようとする者に、天は課題として困難を与え、試すのではないか。

松下幸之助の言葉が聞こえる。

「百遍倒れたら百遍立ち上がれ。万策尽きたと言うな。策は必ずある」

困難から決して逃げない――私たちの歴史もそこから開けてくるのだと肝に銘じたいものである。

## 「我流」を行く

無名の彫刻家ロダンは孤独の中で黙々と修業を積み、密《ひそ》かな成熟を遂げた。そして一八六四年、二十四歳の時、一つの作品を発表する。「鼻のつぶれた男」である。だが、ロダンの成熟は当時のサロンには理解されなかった。作品は落選した。ロダンはふたたび沈黙する。この沈黙はそれからロダンが若者の像『青銅時代』を発表して世間の注目を集めるまで、実に十三年も続くのである。

二十歳を過ぎたばかりで神経衰弱を病む、これもまた無名だったドイツの詩人リルケが、パリ郊外にロダンを訪ねたのは、ロダンがその地位を確立していた一九〇二年だった。リルケは約二年間を秘書としてロダンのもとで暮らす。

リルケは驚嘆した。ロダンの生活ぶりに、である。世間の評判などどこ吹く風、ひたすら大理石を刻み、思索にふけり、また鑿《のみ》を振るう。黙々とその研鑽《けんさん》を繰り返す。

その姿に感動して、リルケは言った。

「ここに生き神様がおられる。これだけ我慢でき、これだけ自分の仕事に情熱を注ぎ得る人は神様だ」

ロダンの生活と人格に若い詩人の魂が感応し、リルケもまた詩人として大成していくのである。

後年、リルケはこういう言葉を残している。

「私の課題は私自身を成熟させることだ」

若年期のロダンとの生活の中からこの言葉が生まれたことは想像に難くない。

「我流《われ》」とは、単なるわがままのことではない。単なる気まま、自分勝手のことではない。リルケの言う「自分自身を成熟させる」ことである。大いなる理想に向け自分自身を成熟させていく、そのプロセスの果てに自然に生まれてくる、あるいは形成される、その人なりの流儀――それこそが「我流《われ》」なのである。

「守破離」という言葉がある。世阿弥《ぜあみ》の『花伝書』に書かれ、また武道などでも言われる、修業の姿を示す言葉である。厳しく鍛えて基礎を完《かん》壁《ぺき》に自分のものにするのが「守」である。その向こうに創造性が芽生える。「破」である。そして自分のリズムで自在に動く境地が出てくる。それが「離」である。これはそのまま「我流《われ》」の姿でもある、と言えるだろう。「離」に至るのは至難の業である。だが、「守」がなければ「破」にも「離」にも至り得ないことを我々は知るべきである。

読者の方からお便りをいただいた。愛媛県の有間重喜さんである。お便りにはこう書かれていた。

「私は九十三歳の老農です。死を直前にして少しでも磨きをかけて旅立ちたいと勉強しています。因《ちな》みに、私は致知創刊十周年記念大会に参加以来の読者です」

「我流《われ》」を行く人がここにもいる。

# プロの条件

職業のジャンルを問わない。仕事をすることによって報酬を得ている人は、そのことによって、すでにプロである。また、プロでなければならないはずである。しかし、現実にはプロとしての仕事の仕方をしていない人が相当数いることも事実である。プロとアマとの違いは何だろうか。それは次の四つに集約されるのではないか。

第一は、プロは「自分で高い目標を立てられる人」だということである。自分なりにほどほどにやれればいい、この程度でいいだろうと、目標をできるだけ低く設定しようとするのがアマである。プロは違う。プロは自分で高い目標を立て、その目標に責任を持って挑戦していこうとする意欲を持っている。

第二は「約束を守る」ということだ。約束を守るというのは、成果を出すということである。自分に与えられた報酬にふさわしい成果をきっちりと出せる人、それがプロである。成果を出せなくてもなんの痛痒《つうよう》も感じず、やれなかった弁解を繰り返してやり過ごそうとする者がいる。アマの典型である。

第三は、「準備をする」。プロは「絶対に成功する」という責任を自分に課している。絶対に成功するためには徹底して準備をする。準備に準備を重ねる。自分を鍛えに鍛える。そうして勝負の場に臨むから、プロは成功するのである。アマは準備らしい準備をほとんどせず、まあ、うまくいけば勝てるだろうと、安易な気持ちで勝負に臨む。この差が勝敗の差となって表れてくるのである。

表現を変えれば、プロは寝てもさめても考えている人である。起きている時間だけではない、寝ても夢の中にまで出てくる。それがプロである。少しは考えるが、すぐに他のことに気をとられて忘れてしまうのがアマの通弊《つうへい》である。

第四は、これこそプロとアマを分ける決定要因である。プロになるためには欠かせない絶対必要条件だと言える。それはプロは「進んで代償を支払おうという気持ちを持っている」ということだ。

プロであるためには高い能力が不可欠である。その高い能力を獲得するためには、時間とお金と努力を惜しまない。犠牲をいとわない。代償を悔いない。それがプロである。犠牲をけちり代償を渋り、自己投資を怠る人は絶対にプロになれないことは自明の理であろう。

最後に一流といわれるプロに共通した条件をあげる。

それは「神は努力する者に必ず報いる、と心から信じている」ということである。不平や不満はそれにふさわしい現実しか呼び寄せないことを知り、感謝と報恩の心で生きようとする、それが〝一流プロ〟に共通した条件であることを付言しておきたい。

さて、あなたはこれらの条件を満たしているだろうか、満たすべく努力をしているだろうか。

あう　ぞちう

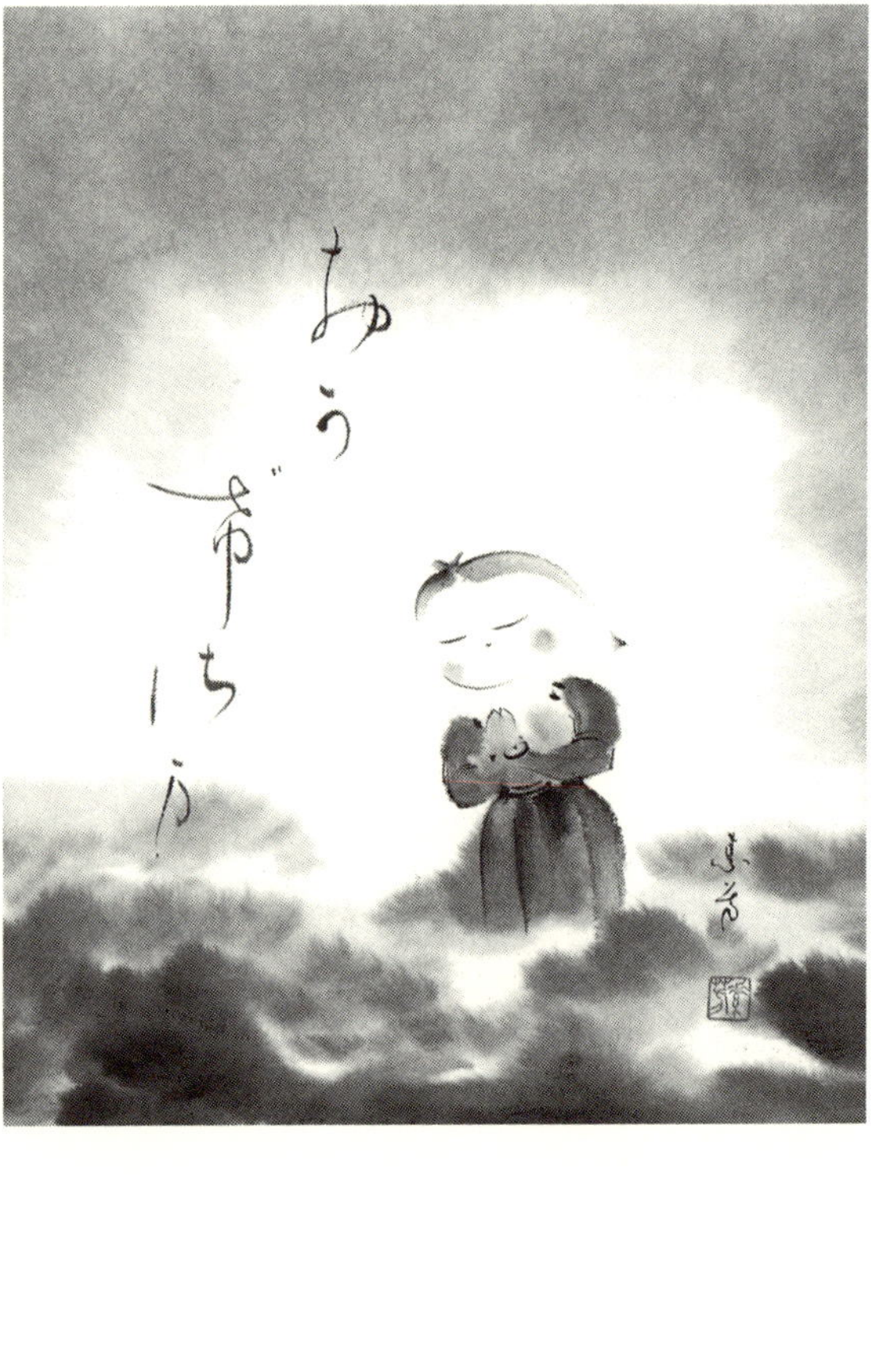

# 第六章　小さな人生論

# 一念一行

平澤興氏（京大元総長・故人）より、こんな話を聞いたことがある。

野口英世が麻痺狂病原体を発見したときの話である。彼は麻痺狂の脳について、一万枚の顕微鏡標本を作った。二百枚を一組として五十組の標本である。これを二人の助手と片っぱしから、検査した。しかし、最後の一組になっても、めざす病原体は見つからなかった。

彼は二人の助手が昼のうちに検査したが無駄に終わったという最後の一組の標本を家に持ち帰り、夜を徹して検鏡した。そして、明け方になって、ついに九千九百九十五枚目の標本に、探す病原体を見出した。その瞬間、野口英世はカッポレを踊り出し、見ていた妻は野口の気がふれたのではないかと思ったという。

一万枚の標本を仮に作っても、普通の人なら、五、六千も標本を見て、探すものがなければ、それであきらめてしまう。野口は文字どおり、最後まで一枚もゆるがせにせず、検査した。野口の一念一行のすさまじさを物語るエピソードである。

一念一行――一念を持ち、それを実現すべくひたすらに行じ続ける。別に、大きなことでなくていい。その持続は、人生に確かな花を咲かせてくれることは事実である。

# 節から芽が出る

節から芽が出る。

あるとき、いただいた挨拶状の片隅に、たったひと言、この言葉がしたためられていた。当時、苦しい状況の中にあることを見越してある方が添えてくださったのである。

その言葉は天啓のように、心に響いた。

ああ、そうか。人は望まないのに、苦しい状況や辛い目に遭うが、それは人生の節なのか。そしてその節から新しい芽が生まれてくるのか——心の中に、一筋の光が灯ったような喜びと感動があった。

植物の生命はしばしば、大自然の摂理のなんたるかを、我々人間に教えてくれる。

宇宙の哲理は奥深く、味わい深い。

## 鳥が選んだ枝、枝が待っていた鳥

鳥が選んだ枝
枝が待っていた鳥

陶芸家・河井寛次郎の言葉です。

一見、何の変哲もない言葉です。

ボヤッとしていると、見落としてしまいそうな言葉です。

どこにでもある風景です。

しかし、陶芸という仕事に命を懸けていた鋭敏な陶芸家の眼は、この風景を見た時に、おそらく、悟りに近い感慨を覚えたのだろうと思います。

そして、その感動と覚醒をこの寸言に表したのです。

「私」と「仕事」、「私」と「会社」、そして「人」との関係もかくありたいものです。

# 苦難は幸福の門

「苦難は幸福の門」——というのは、倫理研究所を創始した丸山敏雄氏の言葉である。

苦難は生活の不自然さ、心のゆがみの映った危険信号であり、ここに幸福に入る門がある。従って、苦難を忌み嫌うのではなく、喜んで取り組み、苦難の原因になっている生活のあやまり、心の不自然さを取り去ると、かつ然として幸福の天地がひらけてくる、と述べられている。

「大悪起これば大善来る」——と仏法では言われている。

小さなよいことは、日常の中でもしょっちゅう起こる。しかし、大善

――本当に大きなよいことは、こんな苦しみはもういやだと言いたくなるような、大悪が起こったあとにやって来る、というのである。

耐え切れないような大きな苦しみや困難や障害がおそってきた時に、もう駄目だと投げ出すのではなく、ここを越えれば、必ず大善――本当に大きなよきことがやってくる、これはその前兆だと信じて、その波を越えて行けと、仏法は説いているのだ。

いま国も企業も大きな困難の渦中にある。個人的に人生の煩悩《ぼんのう》をかかえている方もおられよう。

しかし、苦難は私たち自身をさらに成長させ、新しい世界を開いてくれようとする天の意であることを、先知先賢の言葉は教えてくれている。

# 憤せざれば啓せず

「憤せざれば啓せず」——論語述而篇にある言葉である。「憤」はいきどおり。ここでは膨張し、盛り上がる心の意。なにくそと発奮し、やり抜き、何かをつかみ取って感激、感動する。そういう精神の躍動を蔵した者でなければ、導き啓くことはできない、と孔子は言うのだ。

さらに、孔子の言葉はこう続く。

「悱《ひ》せざれば発せず」

この対の二句から「啓発」という言葉が生まれた。「悱」は何か言いたくて口をもぐもぐさせているさま。問題意識を持ち、内部に蓄積したものがなければ、こういう状態にはならない。そういう者でなければ、教え発《ひら》くことはできない、ということである。

そして、孔子は次のように結ぶ。

「一隅を挙げて三隅を以て反せざれば、則《すなわ》ち復びせず」――四角なものの一角を教えられたら、あとの三つの角は自分で考えてわかろうとする者でなければ、教える必要はない、と。自分でやろうとする自主性、積極性が肝要なのである。

イギリスの十八世紀の歴史家ギボンも、

「あらゆる人間は二つの教育を持っている。その一つは他人から受ける教育であり、他の一つは、これよりももっと大切なもので、自らが自らに与える教育である」

と言っている。

横に転がったコップにいくら水を注いでも空しい。ちゃんと立っているコップでなければ、注がれる水を貯えることはできないのだ。

自分に向かって問いかけよう。心がふくらみ盛り上がる躍動ありや、感激感動ありや、問題意識ありや、そして、自主性ありや、と。

# 人生を幸福に生きる

新聞の読者欄にこんな投書が載っていた、とある人から聞いたことがある。

「自分の両親は朝から晩まで一所懸命に働いたが、暮らしは貧窮のどん底だった。自分は子どものころ、両親がこんなに働いても貧しいのは、きっと、世の中、つまり社会の仕組みが悪いからだ、と思っていた。

やがて、自分は親元を離れ、結婚して家庭を持ち、子どもも生まれた。自分は毎年、両親への御歳暮と御中元を欠かさなかった。しかし、口頭でも手紙でも、両親から一度もお礼の返事をもらったことはない。

いま自分は思う。
両親があんなに働いても貧乏から逃れられなかったのは、決して世の中が悪いのではなく、両親が人間的に未成熟だったからだと」

この投書が語るものは大きい。おそらくここには、人生を幸福に生きるための最も原初的な秘訣が語られている。

こういう言葉もある。
「苦しみに遭って自暴自棄に陥ったとき、人間は必ず内面的に堕落する。同時に、その苦しみに耐えてこれを打ち超えたとき、その苦しみは必ずその人を大成せしめる」（ペスタロッチ）

人生を、人間を知り尽くした人の言葉である。

幸不幸の状況は、その人の受け止め方ですべて違う現実をつくり出していく。

幸福とは何か。幸福に生きる術とは何か。この二つの話はそのことを示唆してくれているように思う。

## 霜に打たれた柿の味、辛苦に耐えた人の味

「霜に打たれた柿の味、辛苦に耐えた人の味」――しみじみと胸に響く言葉である。軒端に吊るされた渋柿は冬の寒天にさらされ、霜に打たれることで何とも言えぬ美味に染まる。人間も同じである。辛苦に耐えることで人としての風味を増すのだ。

ある文芸評論家が、こう言っている。

「日陰がなく、日向だけの男は暴力である」

病気を知らず、逆境に悩んだこともなく、挫折に苦しんだこともない。

人生の陰影に乏しく、ただ明るいだけの男は、存在そのものが堪え難い、というのである。同じことを別の観点から言ったものだろう。

しかし、柿は霜に打たれれば確実に旨味を増すが、人間は辛苦に耐えればそれでいいのだろうか。

辛苦を味わうことで人の痛みがわかり、思いやりに溢れた滋味を身につける人がいる。だが、辛苦の経験が偏狭さとなり、傲岸不遜《ごうがんふそん》、悪どくしたたかになってしまう人もいる。大事なのは辛苦そのものではなく、耐えるというその一語の重さにある。

辛苦を味に変えるような人生をこそ、生きたいものである。

# 真理は現実のただ中にあり

『二宮翁夜話』にこんな一節がある。

二宮尊徳がある村を巡回した時、怠惰・無気力で、掃除もしない者がいた。その人に、尊徳はこう諭した。

こんな不潔きわまることにしておくと、お前の家はいつまでも貧乏神のすみかになるぞ。貧乏からのがれたければ、まず庭の草を取って家の中を掃除するがよい。また、こんなに不潔では疫病神も宿るに違いない。だからよく心がけて、貧乏神や疫病神がおられないように掃除しなさい。

家の中に汚ない物があればくそばえが集まるし、庭に草があればへびやさそりが得たりとばかり住むのだ。肉が腐ればうじが生じる。水が腐ればぼうふらが生じる。そのように、心や身が汚れて罪とがが生ずるし、家が汚れて病気が生ずるのだ。恐ろしいものだぞ。

現実を知りつくした人の言葉である。同時に、この言葉は現実を変革する力も持つ。つねに自然を師とし実行を友とした人ならではの言葉である。

この尊徳の言葉に大きな影響を受けた一人に森信三氏がいる。「まことの道は天地不書の経文を読みて知るべし」の言葉に、氏はそれまで尾てい骨のように残っていた大学的アカデミズムから完全に解放された。

真理は哲学書の中になどない。むしろ、この現実の天地人生のただ中に文字ならぬ事実そのものによって書かれている。そのことに開眼したのである。

天地不書の経文から何を学ぶか。各人各様の人生の課題がここにある。

## 丹精を込める

新井正明氏（住友生命名誉会長）は二十六歳のときに隻脚《せききゃく》となった。昭和十四年八月二十日、いわゆるノモンハン事件で砲弾の破片をあび、右脚を付け根のところから切断したのである。

戦争に行く前は、五体満足で帰れないなら死んだほうがましだと思っていたが、東京の陸軍病院で友人の見舞いを受けたとき、しみじみ生きていてよかったと思った。以来、六十余年の歳月が過ぎた。

当時、氏は、こんな体になったのだから、せいぜい五十歳くらいまでしか生きられまいと思っていた、という。その人が八十八歳のいまもなお、慈顔に溢れ、精神溌剌《はつらつ》と、自らの人生を楽しんでおられる。

真の活学は人の相を変え、運命をも変える。

若年期に右脚をなくすという不幸、そこからくる懊悩《おうのう》、不安、苦悩を、この人は人生の師と仰いだ安岡正篤氏の著書をはじめとする先哲の教えを活学することで乗り切っていった。右脚切断という事実をあるがままに受け止め、その体をかかえたまま、どうやって人生を切り開いていくか、自分という人間を磨いていくか——その解答をひたすら古典の中に求め、心術を練り上げていったのである。

まさに、自分の人生に丹精込めて生きられた例証がここにある。

丹精を込めるとは、まごころを込める、ということである。まごころを込めて物事を仕上げるということである。

自分の仕事に、人生に、そして自分自身に丹精を込めていく。そういう人生の在り方を模索したい。

# 涙を流す

荒崎良徳さん（雲龍寺住職）には登校拒否の体験がある。小学五年生だった。毎朝、家を出る。だが、足は学校に向かない。人目がある表通りを避け、裏道から裏道へと野良猫のようにさまよい歩いた。

そのときの侘《わび》しさ、寂しさ、情けなさは、いま思い出しても胸が締めつけられるという。

養護施設・林鐘園の園長を務めたとき、登校拒否の子を預かることになった。荒崎さんはその子と二人だけで話をした。

「学校に行かないで、どこにいたんだ？」

子どもはポツリと答えた。

「町外れの土管の中にいた」

途端に荒崎さんの胸に、学校に行けなかった日々の侘しさ、寂しさがせつなく突き上げてきた。

荒崎さんは思わず言った。

「そうか。辛かったなあ」

子どもは一瞬、驚いたように荒崎さんの目を見た。と、にわかに荒崎さんの手をつかみ、大声で泣きだした。堰《せき》を切ったような、張り裂けるような泣き声だった。

とめどもなく泣きじゃくったあとで、子どもは言った。

「おれ、林鐘園でがんばってみる」

人にはだれにでも泣きたくなるような思い出や体験が必ずあるのではないか。泣きたい思いに溢れているのが人生というものなのかもしれない。

生理学的に言うと、涙があるから眼球は潤い、ものを見ることができるのだという。人生もまた涙することで方向を見定め、その長い旅路を歩んでいくことができるのだろう。

「常に悲感を懐《いだ》きて心ついに醒悟《せいご》す」――釈迦《しゃか》の言葉である。常に深い悲しみを胸の奥に秘め、その悲しみを大切にして歩み続けるとき、人はついには悟りに目覚める、という意味である。

涙を流すことは人生を深める道でもある、ということを、この言葉は教えてくれている。

# 人は人によって輝く

二年前、宇都宮の内観研修所で一週間、内観をしたことがある。

その時に、はるか遠くに忘れていた記憶が不意によみがえってきたような思いが胸中をよぎった。それは、

「生きているということは愛されているということだ」

という思いである。

いま仮に、どんな状況の中にあろうとも、その状況がどんなに不遇な恵まれない状況にあろうとも、そこに生きているということはすでにた

くさんの愛情に恵まれ支えられてきた、ということである。
そういう思いが天啓のように走った時、半畳の囲いの中で、嗚咽《おえつ》していた。

遺伝子の専門家によると、人間とチンパンジーの遺伝子は九十八パーセント同じだ、という。人間とチンパンジーを分けるのは、たった二パーセントの遺伝子の差でしかない、というのである。ここに何か大事なメッセージが込められているように思う。

『遺伝子は語る』の著者、村上和雄教授によると、遺伝子は環境や感動によってオンになったりオフになったりするらしい。とすれば、もしこの二パーセントの遺伝子が活動しなければ、人間は人間として生まれても人間にならないで終わるということである。

その悲しい事例を、私たちは歴史に持っている。一九二〇年、インドのカルカッタ付近で発見された狼に育てられた二人の少女の話である。下の子は発見された翌年に死んだが、上の子はその後八年大事に育てられたにもかかわらず、ついに直立歩行も言葉の使用も完全にマスターすることはできなかった。この事実が私たちに教えるものは何か。

人は人として生まれても、そして肉体的に栄養を与えられても人間として成長することはできない、ということである。人は人の間で愛情をかけられて育つからこそ人間となる。人として輝きのある人生を生きることができるのである。

一人で発光している人はいない。どの人も人の愛を受けて光っている。
人は人によって輝くのである。

ありがとう

# あとがき

月刊誌『致知』の山口県在住の一読者からお手紙をいただきました。原文のまま全文を掲載させていただきます。

前略　突然お手紙を認めます事をおゆるし下さいませ。何しろ日本列島の最西端に住む田舎者のこと故、失礼があってはと恐る恐るペンを走らせております。

二〜三年前九州で講演会がございましてお誘いをいただきましたが、体調に自信がもてませんでお断りの手紙を差上げましたら、社長様からあたたかいお言葉をいただき恐縮致しました。

毎月毎月『致知』を手に致します度うれしく、編集されます皆様方のご苦労の程が身に滲みてまいります。静かな気持で読ませてもらっておりますが、私も何んとか皆様に報いねばと思い、月日は過ぎゆくばかりに今日まで体調に全神経をつかい、労りながら歩んで来ましたが、昨年集団検診で肺癌がみつかり、X線治療を終え、今は何もしていません。イレッサーの治療をすゝめられましたが、家族の反対もございましてお断りしました。当時はわりあい元気でしたが、だんだん故障がおこり、自己診断ですが、もう残り時間がないように思います。しかし、此の年齢まで生かされた事が不思議な程で、悔いはございません。最高の幸せ者のように思っております。尊敬する夫、娘、すばらしき友、又『致知』に出会った事でしょう。

銀行支店の待合室で何気なく手にした一冊の本、それが『致知』でした。ぱらぱらとめくり、目を通し、私が探し求めていた本だと、その時は天にも昇るような気持ちでした。誰かが忘れて帰られたのでしょう、行員の方にお願いして一日だけお借りして帰り、読み、早速注文しましたらすぐ送って下さいまして、今日に至っております。

二十五周年も九月にと伺いましたので、僅かですが寄進させて頂き、役立てゝ頂けましたら、誠にうれしうございます。どのように送金すればよろしいか教えて頂きたく存じます。夫にもこの事を話しましたら心よく承諾してくれました。僅かですが、汚れたお金ではありません。ご安心下さいませ。

短い一生ですが、最高の人生を送らせて貰いました。

社長様にはお目にかかった事はございませんが、『致知』を通じすばらしいお方とお見受け致しました。日本は今混迷の時代にあり、心がいたみます。日本人の心を救うのは『致知』より外ないように思われます。渡部昇一先生の手記にも感動の数々。私の思いを叶えて下さいませ。

一人娘も嫁ぎ、公務員の妻で、『致知』を読ませてもらっております。私の夫は地方公務員定年退職し、施設の長を八年つとめ、今は無農薬家庭菜園に終日といった日々でございます。車の両輪のようによく歯車が廻っていましたが、私の力がつきたようです。しかし、たのしうございました。

何となく根気がなくなり、乱雑な文で申訳ございませんが、どうか意をおくみとり下さいまして、一筆お願い致します。寄進は、一、〇〇〇、〇〇〇円ぐらいです。悪しからず。

平成十五年六月二十七日

吉坂 八重子

月刊誌『致知』を創刊したのは昭和五十三年です。「こんな堅い雑誌が読まれるわけがない」。そんな声に囲まれてのスタートでした。以来二十五年、「いつの時代にも、仕事にも人生にも真剣に取り組んでいる人がいる。そういう人たちの心の糧となる雑誌を創りたい」という理念のもとに、一途にこの小さな人間学誌の編集に取り組んでまいりました。

そして創刊二十五周年を迎えたいま、『致知』は当初は思いもしなかったような広がりと深まりをみせています。

先に掲げた吉坂様からのお手紙は、こんな愚直とも言える私どものひたむきな歩みに、天から与えられたご褒美だと感じました。お顔も存じ上げない吉坂様が、幸せだったと振り返られる人生の片隅に『致知』を加えていただけたことそれだけで、このささやかな雑誌に己を懸けてきて本当によかったという思いに満たされ、ありがたさにこみ上げてくる熱いものを禁じ得ません。

『致知』は毎号、テーマを立て特集を組む編集方針を採っており、その特集テーマを読み解く一文を、雑誌全体の総リードとして掲げています。その一つひとつはささやかながら、人生をいかに生きるのかの問いかけになっています。

新たな四半世紀に向けて、『致知』はいま、さらなる第一歩を踏み出そうとしています。

その時にあたって、これまでの歩みを確かめるためにも、最近の総リードの中からいくつかを選び、『小さな人生論』として上梓させていただきました。

ここに盛り込まれた言葉のいくつかでも読んでくださる方の心に留まり、自らの人生を振り返るよすがとしていただければ、幸いこれに過ぎるものはありません。

最後に、『致知』の創刊二十五周年にあたり、坂村真民先生よりいただいた言葉を紹介させていただきたいと思います。詩道一筋に、今年満九十四歳になられる先生からこういう祝詞をいただけることを無上の喜びと思うものです。

また、水墨画家の中野素芳先生からも、この本のために素晴らしい挿絵を描いていただきました。この場を借りて、厚くお礼申し上げます。

平成十五年盛夏

藤尾　秀昭

致知創刊
二十五周年祝詞

坂村真民

致知は
父（チチ）であり
乳（チチ）である
「父母恩重経」には
一切の善男子善女人
父に慈恩あり
母に悲恩あり
そのゆえは

人の此の世に生まるるは
宿業《しゅくごう》を因として
父母を縁とせり
父にあらざれば
生ぜず
母にあらざれば
育せず
ここを以て
気を父の胤《たね》にうけて
形を母の胎《たい》に托す
人々母の乳を飲むこと
一百八十斛《こく》となす

とあり
わたしは
そういう意味からも
致知に親しみ
致知を愛してきた
わたしも個人詩誌
詩国を刊行して
もうすぐに五百号に
なろうとしている
だから一号一号に
命をかける労苦がわかる
致知は

わたしにとっては
父であり
母の乳である

読者の一人として
創刊二十五周年を
父母への思いと同じく
衷心から
祝祭するのである

信念の力　致知2003年２月号

縁尋機妙　致知2003年３月号

人間力を養う　致知2003年４月号

**第五章　運命を創る**

自分の花を咲かせて生きる　致知2003年５月号

歴史創新　致知2003年６月号

「我流」を行く　致知2003年７月号

プロの条件　致知2003年８月号

**第六章　小さな人生論**

一念一行　致知1999年１月号

節から芽が出る　致知1999年８月号

鳥が選んだ枝、枝が待っていた鳥　致知1999年12月号

苦難は幸福の門　致知2000年４月号

憤せざれば啓せず　致知2000年７月号

人生を幸福に生きる　致知2000年９月号

霜に打たれた柿の味、辛苦に耐えた人の味　致知2000年10月号

真理は現実のただ中にあり　致知2000年11月号

丹精を込める　致知2001年３月号

涙を流す　致知2001年７月号

人は人によって輝く　致知2001年４月号

【初出一覧】

**第一章　人生の道標**

一隅を照らす　致知2001年11月号

潑溂颯爽　致知2002年１月号

人を育てる　致知2002年２月号

この道を行く　致知2002年３月号

古典に心を洗う（「我流古典勉強法」改題）　致知2002年４月号

**第二章　己を尽くす**

このままではいけない　致知2002年５月号

夢を実現する　致知2002年６月号

鍛練する　致知2002年７月号

魅　力　致知2002年８月号

**第三章　生を深める**

心耳を澄ます　致知2002年９月号

先達に学ぶ　致知2002年10月号

人の心に光を灯す　致知2002年11月号

なぜ哲学が必要なのか　致知2002年12月号

**第四章　人物を磨く**

言葉が運命を拓く　致知2003年１月号

# 小さな人生論

——「致知」の言葉——

平成十五年　九　月　五　日第一刷発行
令和　六　年十二月二十日第六十六刷発行

著　者　藤尾　秀昭
発行者　藤尾　秀昭
発行所　致知出版社
〒150-0001東京都渋谷区神宮前四の二十四の九
TEL（〇三）三七九六—二一一一
印刷・製本　中央精版印刷

ISBN978-4-88474-660-5 C0095
ホームページ　http://www.chichi.co.jp
Eメール　books@chichi.co.jp

感動のメッセージが続々寄せられています

# 「小さな人生論」シリーズ

## 「小さな人生論①～⑤」

人生を変える言葉があふれている
珠玉の人生指南の書

●藤尾秀昭 著
●B6変型判上製　定価①＝1,485円（税込）
②～⑤＝1,100円（税込）

## 「心に響く小さな5つの物語 I～III」

片岡鶴太郎氏の美しい挿絵が添えられた
子供から大人まで大好評のシリーズ

●藤尾秀昭 文　片岡鶴太郎 画
●四六判上製　定価 I・II＝1,047円（税込）
III＝1,100円（税込）

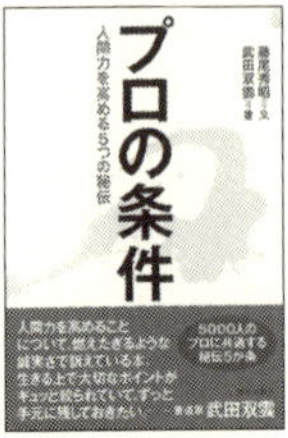


## 「プロの条件」

一流のプロ5000人に共通する
人生観・仕事観をコンパクトな一冊に凝縮

●藤尾秀昭 著
●四六判上製　定価＝1,047円（税込）